자유, 그 하늘

자유, 그 하늘

素泉 金泰洙 詩選集

[책 머리에]

별이 총총한 밤에
소년은 잠자리채를 들고
별을 딴다고 감나무에 올랐습니다.
허나, 지금까지 별을 딸 수 없었으며,
그 별은 꿈, 시, 삶이 되었고,
그 소년은 어언 여든 살이 되었습니다.

어디로 와서 어디로 가는 걸까요.
이제는 수묵으로 풀어지는 숲속 가지 사이로
수줍게 떠오르는 별을 보며
꿈을 간직한 시를 쓰며,
정다운 벗과 마음을 나누며
한 잔 할 수 있는 것이
자연의 섭리를 익히며
자연에 동화되어 가는 삶임을 알게 되었습니다.

철없던 어린 시절부터 나이 들어 어른이 되고
별 같은 꿈을 꾸고, 꿈 같은 별을 향해 걸어가면서
바람이 되어
자유로운 영혼이 되어
〈자유, 그 하늘〉을 바라보며 살아가는 것이
행복임을 깨닫는 나이가 되었습니다.
여전히 별을 보면
알 수 없는 그리움에 가슴 젖는 건
아무래도 우리가 별에서 태어난 때문이겠지요.

시집을 출판해 준 가족에게 고마운 인사를 보내고,
사랑스런 손주들에게 이 시집을 남긴다.

        2025년 새봄을 기다리며
        素泉　金泰洙

차 례

제1부 가을 강가에서 (12-36)

여로__12 가을 강가에서__ 해후邂逅__ 난__
5월의 대화__ 꽃밭__ 달 이야기__ 복수초__
고향의 가을__ 개망초__ 가을엔__ 한강__
산사에서__ 5월__ 강가에서__ 영웅__ 나 하나__
추분__ 만추晩秋의 환상__36

제2부 덕소나루 (38-57)

낙엽__38 소리길의 가을__ 가을은__ 가을 시화詩畵__
홍매화__ 초가을__ 강촌江村의 달밤__
왕터 농장에서__ 제비집__ 가을 하늘, 그리고__
벚꽃__ 만추__ 어느 가을 날__ 7월을 맞으며__
봄__ 입동__ 아, 봄이로구나__ 2월__ 노을__
선운사 동백꽃__57

제3부 노을지는 강 (60-80)

별을 따는 아이__60 첫눈 오는 날에__ 맹꽁이__
수련꽃__ 청명절에__ 한가로운 여름날에__
정암산마루에서__ 백두산 천지 바람__ 한강에서__
삼짇날 제비__ 밤비__ 일탈__ 여유로운 가을날__
새벽안개__문경 새재를 넘으며__ 바람__
오며가는 정__ 봄 아침에__ 노을 지는 강가에서__80

제4부 반가운 일들 (82-111)

그리움__82 달 항아리__ 꽃비__
겨울 꽃밭__시 한 편/ 분수의 욕망/ 소맷자락/ 장마/
연말연시에__ 친구__ 행복 찾기__ 탈춤__
행복한 날의 이야기__ 인과因果__ 삶의 향기__
청산별곡4__ 희방사에서__ 가을,겨울 사이__
반가운 일들__ 1.제비 한 쌍 2.자만심
3.제비집 4.뻐꾸기 소리
5.모슬포 봉래산 6.봄소식 7.기다림
8.쌍무지개 9.한란__111

제5부 동대구역 광장에서 (114-134)

아, 이 함성!__114 나의 시__ 동대구역 광장에서__
산책길__ 자연의 자연스러움__ 허심虛心__ 장승__
윤슬__ 덕소나루__ 연밭__ 행복 훈련__ 구름의 노래__
구름 속의 달__ 행복__ 주정__ 오늘__ 연하장__ 파도__
봄맞이__ 명상을 하며__134

제6부 하늘 (136-157)

하늘__136 새 가족이 된 며느리에게__ 백합꽃으로 피어라__
현실__ 시인 김수옥 누님__ 예순 여섯 살의 크리스마스__
내 마음__ 일상__ 반가움__ 흰구름__ 고희를 맞으며__
오늘 밤__ 병상에서__
행복한 날의 독백 1. 우와정에서 2. 우현愚賢에게__
봄 소풍 날__ 삶__ 신축년 설날 소회__157

제7부 귀갓길 (160-173)

별 그리다__160
그리움인가__
고 최태호 영전에 바칩니다__
愚賢 金基英님 영전에__
고 장재영 님 영전에 바칩니다__
그믐달 - 상 변준형 영전에__
박태균 님 가시는 길에__
윤여운 영전에__
훨훨 자유를 누립시오__
장모님 영전에 바칩니다__
들국화__173

〈평 설〉__175

* 제1-7부의 사진은 저자가 촬영한 것입니다.

제1부
가을 강가에서

여로

다가올 것은
선명하지 않고
지난 것은
다시 돌아오지 않는다

오늘은
몰래 일상을 빠져나와
목로주점에서
내 젊은 날의 꿈과
사랑과 미움을 만나고,
잊혀져 가는
이슬 같은
순수를 얘기하며
어디론가
여행하고 돌아오는
바람이고 싶다.

가을 강가에서

갈대숲
바람되어
햇살로 흐르는 강

사노라
맺은 인연
설움 같은 가랑잎

잊혀진
그리움되어
강 물결로 흐른다.

해후邂逅

제 갈길 가는 사람
이끈다고 잡는다고 오나
연기로 흩어졌다
비 구름 속에 묻혀 오는 것을

정情 있는 곳에
봄 여름 가을 겨울이 뭔가
산 좋고 물 맑으면
정자도 있을 터이니
만나고 싶은 사람은
숨은 듯 살다
바람에 실려 오느니.

난

1.
오늘 아침
한 줄기
향기로 피어나는
너는
오누이
등굣길 바라보며
잔잔하게 부풀어 오른
어머니 가슴

2.
찬 겨울
견뎌낸
너
그 작은 향기는
이른 봄날
손 불며

창문 닦듯이
한 줄
삶의 시를 쓰게 한다

3.
오랜 세월
은은히 피어오른
너
그 가냘픈 자태는
무성하다 사라지는
화려한 꽃보다
끈끈하게 이어온
할아버지 내음
전설

4.
새색시
쪽머리 풀던 밤
친정 어머니
베갯잇 적시는
하얀 꽃으로 내려와
촉촉히 피나니
한번은
울음 터뜨리고픈 어머님 사랑,
사랑.

5월의 대화
— 첫사랑에게

손을 잡고 걸을까요
부끄럽잖아요, 그냥 걸읍시다
— 보리 이랑을 밟고 오는
　바람결 타고 5월은 숨이 차다 —
두루미 날으네요 말간 하늘에
그럼 저쪽 강변에서 발을 씻을까요

내 첫 시를 보낸 지 어언 30여년 지난 세월
살아 있기에
행복하고
사랑하기에
한번쯤은
보고 싶은 사랑

오는
5월엔
강가로 나가
그녀인 양
집사람 손잡고
부끄럽잖아요, 그냥 걸읍시다며
바보처럼 씩
웃어봐야지.

꽃밭

가만히 보면
꽃밭에는
가난해서 서러운
사랑해서 눈물 나는
행복해 미소 짓는
감격해 울고 제 흥에 춤추는
꽃들의 사연
세상살이 같은
정겨운 정들이 모여 있다
찬 겨울 견디며
앞만 보고 살아온
마음 착해 서러운
너와 내가 어울려 꽃밭이 된 사연
가만히 보면
우리는
옹기처럼 오손도손 모여
해바라기 한다.

달 이야기

애닯죠
따라가면 멀어지고
뒤돌아보면 따라오는
인연 같은 것
허무하죠
젊은 날의 꿈을
구름으로 덮어 숨겨 논
나의 쉰 소리,
취한 달에게 뺨맞고
허허롭게 웃어 보던 날
낭만이란 꿈을 꾸고 있었지요.

정한수로 빌며 빚은
시 한편 한편을
여명에 펼쳐내는
장닭 울음으로
달따라 하늘 도는
시인의 이야기.

복수초

설레입니다
당신의 마음을 보면
눈 속에서 피어 난
아픔을 견뎌 온 신비

누구에게 얘기하리
누가 나를 봐주랴
눈치 보며 숨죽이며
살그머니 내밀어주던
젖꼭지 같은 봄

나의 마음속
깊은 곳엔
봄이 흐르고 있습니다.

고향의 가을

감나무 가지 끝
하늘엔
정이
영글은
까치밥 두어 개

빈
들엔
늙은 허수아비
두 팔 벌려
세월 같은 바람을 막고
누렁이가
마중 나오고 있는
고향.

개망초

홀로 피면
반겨줄 이 없으니
외로운 마음
무리 지어
온 누리를 덮은 꽃

어두운 밤
서러운 얘기들
별빛에 담아
오순도순, 소곤소곤
하얗게 피어 낸다.

가을엔

고이 간직한 시집 빠져나온 단풍이
햇살로 번져 가을 하늘 닦는다

어릴제 고향
아련한 철새떼 그리움
하늘 날으고
담배 핀 호랑이 할배 얘기는
헬 수 없는 별이 되어
추억으로 쏟아진다

가을엔
왠
하릴없는 생각들이
등짐지고
세월 따라다닌다.

한강

1.
일억 오천만 년 전
서해 거슬러
검룡소에서 승천한
용의 물길

홍익인간
단군왕검의 사랑으로
반만년 민족의
고난과 영광의 역사
한강의 기적을 이룬
젖줄

2.
태백 금대봉에서
임계 지나 정선, 평창 단양
충주 거쳐 양평 다다른

남한강
금강산에서
금강천, 소양강, 홍천강 품어
흘러온 북한강이
두물머리에서
한마당 놀이 물결
한강

일천 삼백여 리
서른여덟 개의 크고 작은 고을
열두 개의 하천을 품어
세계가 사랑하는
대한민국 수도 서울
얼싸안아
강화포구에서
서해로 스며든다

3.
오, 한강
반만년 이어 온
문화의 터전
풍요로운 자유 대한민국
한 번 더
한강의 기적 물결
갑진년 용의 해
용오름 기백으로
세계인의 가슴에 스민다.

산사에서

솔, 잣나무 향이
바람결에 실려와
풍경 일렁이고
아래 절
한나절 염불은
49제 사바세상 떠나는
망자의 넋
연기로 피어오르고

해탈교 아래
쉬리들은 바라춤 추듯
중생을 비웃고
새벽 종소리는
부처님 심경이듯
정 찾아 떠난 마음
추슬러 보라 하네.

5월

산천은
벌써
며칠 전
그때 그곳이 아니다
시간이 멈추지 않듯
젊은 열정으로 숙성되어 가는 달

엉겅퀴 꽃대 올려
벌 나비 유혹하더니
어느새
갈대숲 이룬 강가에는
노랑부리 오리 새끼들
사열하는 모습 숨긴다

녹음으로
그늘진 숲속
어느 곳엔가
개개비 둥지에 탁란해두었나
뻐꾸기가
제 새끼 걱정으로
해거름까지 울어댄다.

강가에서

바람이 물결 세우며
가슴 일렁이는 강
계곡 흘러
산과 들을 지나며
정성으로 모여온 정들이
어디로 가는 줄 모르는
삶과 꿈도 사랑도
따사로운 품 안인 걸
세월처럼
흘러온 강가에 서면
아직은 살아 있다는 행복으로
물결되어 마음 설렌다.

영웅

그는
난세에 온다
하늘이 도울 때 스스로 이루고
모든 사람들이 기도할 때
이룬 것을 짊어지고 온다
그는
영원히 사라지지 않는 역사의 획이다
우리들의 소망이 꿈을 이루어 내기 때문이다.

나 하나

나 하나
나 하나야
무슨 힘이 될까 하며
나온 광장
너도
나와 같은
그래서 우리는
백 만이 넘는
나 하나의 군중이 되었다

하늘이
전 세계가
우리를 보고 있다
정의가 살고
악이 사라지는 대한민국
자유, 그 하늘
나 하나가
우리가 세계가 되었다.

추분

늦더위로
게으름 피우는
여름을
한강에 패대기쳤더니
어젯밤
가을이 몰래 찾아와
부끄러워요
이불 덮어 달라며
내 품에
꼬옥 안기네요.

만추晚秋의 환상

행복 찾다
길 잃은
흰구름 한 점

공룡능선
천당폭포가 어디냐
세월에
길 묻는
스크라테스가 된다.

제2부
덕소나루

낙엽

언젠가는
떠나보내야 할 인연
가을비에
떨어지지 않으려는 몸부림
처연하다

너와 나
깊게 맺은 정
봄을 기다리는
긴 이별의 서러움에
온몸
스스로 붉게 불태우네.

소리길의 가을

물 소리에
바람은 낙엽으로 마음 달래고
고엽은 옥빛 담潭 덮는 고운 이불

꿈인 양
소리길 따라
불국 정토 순례에
가을 하늘은
서리 내린 세월도 단풍이네라고
흰 구름에 시 한 편 새기네.

註 : 소리길은 가야산 홍류동 계곡
　　불교에선 극락으로 가는 길

가을은

하늘
산, 들에
강에도
시화전 벌인다

덩달아
가랑잎 세월되어
바람따라 구경 왔구나.

가을 시화詩畵

가을이

뿌린

채색화彩色畵

나의 시詩는

세월을 닮았나

잊혀져가는

그리움따라

강가에 나와

그대

뒷모습따라 흐른다.

홍매화

꽃샘추위에
뺨이 시렸나
여인의
속사정으로 잉태된 그리움

입술 곱씹으며
담 넘어오는
봄바람 맞는 자태로
님 기다리는 절개

절간 뒷담 켠에서 발돋움하며
고갯길 훔치며
찬바람 맞고 있는
그 시절의 내 누님.

초가을

텃밭에서
홰를 치며
하늘 도는
초가을

고추잠자리는
당기 꽃잎에 앉아
제
나래 같은 시를 읊고 있다.

강촌江村의 달밤

산의
정기精氣로 잉태된 듯
보름달이
하늘 내려와
강물따라 흐르고

흑진줏빛 강물 위엔
누치 서너 마리가
회한과 미망의 삶을 젓고 있네.

왕터 농장에서

홍천강에 빠진
달에게
안부 물었더니

아무 말 말고
한 사흘만
내 품에
꼬옥
안겨 보라 한다.

제비집

님 기다리는
삼월 삼짇날
바람으로
처마 밑
빈집

떠난 님
기다린 듯
대문이 열려 있다.

가을 하늘, 그리고

거둬들인 들녘에
허수아비로 선
텅 빈 마음

흰 구름에
까만 먹물로
시 한 편 새기고 싶다

머리 들기도 버거운
맑고 깊은 하늘 올려본다
부끄러운 세상 닦는다.

벚꽃

엊저녁
눈물 흘릴 듯
퉁퉁 부어 있더니
간 밤 봄비에
돌배기 손자 놈처럼
오늘 아침 깔깔 웃고 있다.

만추

소리로
빛으로 다가오는
윤슬의 현란한 몸짓
산 들 강 하늘이
한 해를
마무리하는 결실인가
한마당 어울림인가

피안을 넘나드는
마음
흰구름 젓고 가는
기러기떼
늙은 허수아비에게
갈 길 묻누나
만추이다.

어느 가을 날

파란 하늘이
깊어 보이는 날
바람 없는
한강엔
튀어 오르는
강준치
명경알 깨뜨리고
나르는 물새소리
쓰르라미 잠 깨운다

고요에 빠진
무심한 마음
강물 따라 흐른다.

7월을 맞으며

한 해의 반을 지나온
세월 빠름을 느끼는
푸성귀 싱그러움이
과실로 숙성되고
불볕 아래
김을 매는 삶으로
성숙되어 가는 7월

태양은
열정도 여유로움이라며
내 마음에
파란 바다를 펼쳐놓는다.

봄

봄은 게으름 피우며
더디 왔다가
간이역 지나치듯
떠나가는 기차
부풀어 오르던 기다림이
그냥
스쳐 가는 세월

아쉬움이
꽃비 되어
고향 선영에
성묘하고 가는
봄.

입동

허리 굽은 나무
잎새마저 무거운가?
찬 바람 불어와
낙엽되어
뒤뜰에 모여
너스레 떤다

젖은 은행잎
가을옷 벗은
맑고 높은 몸매
하늘 유혹에
공원 바닥인 줄 모르나
질펀하게 누웠다.

아, 봄이로구나

겨우내
언 땅을 갈아엎은
강나루 길의 긴 의자는
뼈만 남은 가지를 잡은 목련이란 시를 읽는다
청보리밭으로 오는 봄의 씀바귀란 시 낭송도 듣는다
나의 시 좋다는 안부로 온 부추김에
봄바람에 어깨 춤추는 나

북으로 날아갈 철새들은
기다림에 더욱 더디 오는 봄이지만
떠나갈 준비로
바지런하다
개울가 버들강아지 소담스럽다
아, 봄인가 보다.

2월

느긋하면
때맞춰 올 텐데
기다림이 애틋하니
봄은 더디게 오나 보다

긴 겨울 언저리에
꽃샘추위 올 텐데
날 좀 풀렸다고
강나루 길 나와 봄나물 찾으니
겨울 철새
비웃듯
떼 지어 날아오른다.

노을

산길
뒹굴던 돌이
멋모르고
산인 체 하려다
강물에 쓸리며 살아온 세월
덧없는 추억이라도
자취 남기라는 듯
잔잔한 행복
꿈이라도 꾸라는 듯
푸근히 누리를 덮고 있다.

선운사 동백꽃

미당 선생
선운사 동구 시비 찾은 날
육자배기 막걸릿집 여자는
수도승 얼굴
수줍은 동백꽃으로
피어 있었다
검단선사 설법이 도솔산 도솔천을
천년 흐르고
작년 상기로만 보고 간
목 쉰 동백꽃
삼독 삭히는
내원궁 마애불 가슴속
동학군 한으로
피어 있었다.

제3부
노을지는 강

별을 따는 아이

한 모험심 많은 아이가 별을 걸어 놓고 혼자만
보고 싶었다
그래서 그 아이는 별이 총총한 밤에 기다란
잠자리채를 들고 감나무 위에 올랐다

새까만 밤하늘을 허덕이다 땀이 난 아이는 샘가로 갔다
샘에는 노랗고 하얀 빛의 별들이 소복히 담겨 있었다
얼른 두 손으로 움켜잡았다

그날 밤 집으로 돌아온 아이는 엉엉 울었다
그 후 아이는 샘에 물을 쪽박에 담아 정하게
별을 마셨다

엉엉 운 모험심 많은 아이는 죽을 때까지 별을
딸 수는 없었지만 지금은 별이 되어 반짝이고 있다.

첫눈 오는 날에

굴러가는 나이도 잡힐 듯해
눈 감고 있다
너를 위해
응어리진 마음이
자유로이 부서지는 하늘
쉴 곳 잃은 세월이
첫사랑으로 내려와
순수를 얘기하고
나는 참선하듯 눈 감고 있다,
너를 위해.

맹꽁이

간밤에
천둥치더니
웅덩이에 물 고였다

긴 오뉴월 땡볕에
안달 난
수컷들이 짝을 찾는다
동영상으로 녹음된 지놈들 소리에
경쟁자 나타났다고
이놈도 저놈도
목청 높여 짝을 찾는다

밤새
짝을 찾았나 보다
사흘 후에는
말라버릴 웅덩이에

알을 낳았다
옛말이 맞다
역시
맹꽁이는 맹꽁이다.

수련꽃

응어러진 한은
진흙 속
뿌리에 묻어두고
함박 터진 자태

어화둥실
염화시중의 미소
인고의 세월
환희도 피었나

참고 피운 기품
물안개에
햇살이어라.

청명절에

목련, 벚꽃, 진달래,
산수유, 개나리가
한꺼번에
일어나 '봄이다' 외친다
겨울 추위 견디고
봄비 향한
생명의 함성이다

세상도 청명했으면 좋겠다.

한가로운 여름날에

산 능선으로 올라오는
구름과 놀아본다
양떼를 몰고 오더니 새떼가 되어
뭉게뭉게 솟아오르는 마음
매미들 우는 소리도 가지각색
쫓기듯 잽싸게 우는 놈
목쉰 소리로 우는 놈
박자 맞추어 우는 놈
또 어떤 놈이 어떤 소리로 울까 기다려진다
파리 끈끈이에 걸린 나나니벌 한 마리
몇 시간째 윙윙왱 날갯짓 하는 소리
그놈 참 목숨도 길다
풀숲 헤치며 먹이 쪼는 중닭 예닐곱 마리
찬바람 불어오면 사위 보신될 걸 알까
이런저런 생각들이 한줄기 바람되어 발바닥 간질인다
낮잠이나 자야지.

정암산 마루에서

호수 속 하늘
하늘 속 산 그늘
귀여리 검천리 분원리에
팔당호 깔아놓고
너는 말이 없는데

나는
어린 날
엄마가 빚은 술이 되어
살아온 마음
하늘에 벗어놓고 멱 감고 있다
심 봤다고 외치고 있다.

백두산 천지 바람
– 고량주에 장뇌삼 씹으며

구름도
오르는 마음도
용이 되어 승천하는
겨레의 기백
하늘도 설레고
거센 바람
안개로 우짖고 있었다

장백산
도문강으로
얼빠진
이천년

백두산
두만강으로
막걸리 한 통
김치 한 독 울러 메고

나 다시
돌아가야 하네

장구 치고 북 치며
날라리로
강강수월래
지신 밟으러
나 다시
돌아와야 하네.

한강에서

강물에
취한 왜가리
가려운 세월 긁다가
정신을 잃었나
고즈넉한 느낌표로
앉아 있다
월동 준비한
흰뺨검둥오리 몇 마리
한가로이 노니는데
가마우지는
석양을 안고
삶이 이런 거라는 듯
자맥질한다

노을 진 강물에
석양이 빠지고 있다.

삼짇날 제비

조안면 능내리
새들의 안식처
산이 만나고
물이 만나고
사람이 만나는 그곳

꽃샘바람
시새움 하는 삼월 삼짇날
서둘러 찾은 처마 밑 제비는
어이없다는 듯
삶은 어디 두고
날 찾아왔냐는 듯
지지배배 반긴다.

밤비

불빛으로
흘러내리는
추억은
살아오며
만났다 헤어진
누구의 얼굴인가

창에
부딪쳐
허덕이는 마음
지금은
어느 집
뒤뜰 서성이며
연가를 부르나.

일탈

뜻대로
안된다고
젊은 꿈
폭음으로
밤새우던 시절
그나마
나에게 보낸 배려
연하장 같은 시심이
자존이었나 보다

오늘도 그때처럼
나의 시와
그 친구와 어울려
밤새우고 있다.

여유로운 가을날

만추의 호명산
환상의 드라이브 길
귀곡 산장 산마루
베토벤 하우스에서
손수 끓인 대추차 마시며
전원 교향곡 듣는다

뒤뜰 지는 낙엽이
시어가 되어 쌓이고
북한강에 담긴
노을은
어려운 시절도
평생을 함께할
집사람의
푸근한 마음 같다.

새벽안개

달빛에 흐르는
님의 숨소리
낚시터 저 쪽에서
어둠으로 퍼지는 고요로운 안식

성녀의 미소로
어둠인 양 밝음으로 사라지는
신비

어느 곳에
까만 점 하나 새길까
망설이면 사라져 가 버리는
첫사랑의 흔적.

문경 새재를 넘으며

단풍으로 타는
주흘산 두 봉우리에 걸린
내 마음은

땅거미 지는 속으로
둥지 찾아 드는
산새 한 마리
남으로 남쪽으로 내려오는
철새떼 무리

나이만큼 짙은 노을 속으로
새처럼 새재를 날고 있다.

바람

바람
그냥 부는 게 아니다
열 아홉줄 그어놓은 바둑판 같은
서로 가진 지혜와 성품이 어울려
부는 것이 아니라
창문 열듯
심호흡하며 숲길 걸어보면
나만이 느낄 수 있는
삶의 바람을 마신다

바람
그냥 부는 게 아니다
내가 마음을 열어 놓을 때
내가 나는 바람이란 걸 안다
바람도 사랑이려니.

오머가는 정

덕소역 앞에서 손수레놓고
땅콩과자 호두과자 구워 팔던
나 닮은 늙수그레한 양반
취한 귀가 길에 한 봉지씩 사다보니
나도 모르게 정이 들었는데
주인이 바뀌어도
그 양반 어디 갔느냐 묻지 못한다
별별 생각하며
집까지 15분 길을
그 양반 생각하며
달 보며 흥얼거리며 간다.

봄 아침에

창 너머
벚꽃 가로수
손수건 가슴에 달고
입학하던 날
그 시절이 생각나
가지런하다

봄 뜰엔
암탉이
병아리 몇 마리 데리고
종종종 모이 쪼듯
햇살을 쪼고 있다
오늘 같은
봄 아침에는
모든 일 이루어낼 것 같다.

노을 지는 강가에서

산마루 오르는
구름 그림자는
녹음 속에 스며들고
바람결 윤슬에 춤추는 강물은
철새떼 자맥질하는 전쟁터

해오라기 둥지 찾아
귀가하는 해거름
노을 지는
강물 속으로 빠져드는 석양은
서로 잊고 살아 온
얼콰하게 취한 벗님의 얼굴.

제4부
반가운 일들

그리움

꽃비
흐드러지게 내리는
봄 햇살의 싱그러움도
부질없는
꿈속의 만남도
당신을 잊지 않고 기다리는
그리움이리라

하늘 위에
황조롱이 한 마리
맴을 그린다.

달 항아리

그리움을
그리워할 수 있는
마음을
간직한 소중함이다

지난날 그리워하는 건
추억이지만
옛 사람도
그리울 수 있는
여유로움이다

너와
내가 만날 수 있었던
인연 달 항아리.

꽃비

꽃비 내리는
벚나무 터널에서
산후에
흡족해하던
아내의 얼굴이 아른거린다

나목으로
찬 겨울 견뎌 내고
피운 환희의 꽃
열 달을
두려운 신비스러움으로
고통스러운 만족으로
안도의 미소,
푸릇푸릇
봄 생명력이 보인다.

겨울 꽃밭
- 회사 줄이던 날

꽃
피우기 위해
지운 그늘이
난쟁이 꽃
설움인지 몰랐다
찬
바람 부는
머문 자리
담금질 당하는
내 아픔

겨울 꽃밭에는
꽃 아닌 냉이가
양지바른 돌 틈
비집고 있다.

시 한 편

그냥
눈 감고 살아가려는데
뜰 앞 옥잠화
새움 돋아내고
세상일 잊고 살려는데
옛 추억과 꿈이 선술집 서성인다
순수로 빚은 정성과 마음 어울려
괜스레
구겨진 세월 두고
술 한 잔에 주정을 했네.

분수의 욕망

해와 달은
변함이 없는데
인생살이는
가던 길 머물고
지나온 길 되돌아볼 때도 있더라

물은
높은 곳에서
낮은 곳으로만 흐르는데
살다 보면
제 흥에 겨워 하늘 날 때도 있더라
땅속
촉촉히 스민 물이기 보다
날 걷히면 사라지는
빛 좋은 무지개가 되어 있더라.

소맷자락

문풍지로 바람 막아
넌지시 잡아보라던
우풍인가 외풍인가를

두부 반 모 데워
막걸리 한 주전자로
소매 잡던
흘러간 세월에
나와
그님의
눈물이 젖어 있네.

장마

비 오는 날
홀로 앉아
그대를 기다린다

데친 두부 한 모에
세월에 찌그러진 막걸리 한 주전자
추적추적 빗물이 추억으로 떨어지고
빗장 열면
기다리던 그대는 내가 되어
서로의 삶을 주절이고 있다.

연말연시에

이맘때쯤이면 물어보기도 전에
당신의 모습이 떠오릅니다
나의 가슴속
숨어 있던 당신의 심성이
추억으로 스멀스멀 피어오릅니다
멀리 있어도
우리는
우리들이기에 안부되어 날아갑니다.

친구

너의 이름
뜬금없이
추억들과 되살아나
하늘 올려본다

흘러가는 세월은
무안하고 민망스러운가
밤새
끄적이던 안부는
아침이면
이름마저 지워 버리고
항상
부러워했던
너의 향기가
가슴 저려 그립다,
친구야.

행복 찾기

겨울 언저리
떠나갈
봄을 기다리는
철새들
고니 가족이 모여 사는
팔당 건너 당정섬 간다

날갯짓하며
미끄러지듯 유영하는 자태에
내 마음은
어느덧 비상하는
한 마리 백조

헤어지는 슬픔보다
다시 돌아올 가을날
해후로 맺어지는

작은 꿈에 만족하는 만남
한갓
철새 떠나보내며
자연의 섭리를 느끼는
행복 찾아 당정섬 간다.

탈춤

술 익는 마을에
지나가는 나의 세상 나의 세월

마시고 죽은
귀신은 색깔도 좋다지만
잠에 취한 내 얼굴은
한마당
하회탈 놀음하다 돌아온
양반탈

하늘이 내려준 비 맞으며
얼굴 쓰다듬는 환희
어화 둥실 춤, 춤을 추라
꿈 깬 허무
마음 흔들어라
한없는 사랑 아무도 모르게
세상사람 모두 알게 춤추어라.

행복한 날의 이야기

사과 농부 선산善山은 하현달인 양
밤하는 시詩가 되어 미리내 강물로 흐르고
우현愚賢 부부 귀향한 가야산은
우와정에 자리 깔고 텃밭으로 누웠다

앞에 두고도 그리운 사람들

나야
취해 배려한 주정인데
고향 옛 친구 만나러 간 집사람
어느새 엿보앗는지
"취하면 민폐 이데이" 라고 문자 보냈네.

인과因果

우현愚賢이 전화로 보내준
가야산 첫 뻐꾸기 소리 들은 지
달포 만에
야촌野村이 카톡으로
상주 경천대 소리도 들려주네
좀 있으면 선산善山의 문경
만당滿堂의 춘천 소리도 들려오겠네
혹여나
대만 오계향으로 선교 나간
성판聖板이 옥산 소리도 보내려나?

구례에 사는
옛 직원이 보낸
매실 도착된다는 문자도 떴네
참 기분 좋은 유월의 아침.

삶의 향기

장미가
아름답다 느낀 건
그 향기를
너와 나
우리를 만들 수 있는
결로 어울린 품성이리라

꽃의 아름다움과 향기야
한두 주일 가겠지만
질박한 우리들의 향취는
천리만리 건너
오래도록 추억으로 남는 것

살아가는 삶이
곧 영원이라
공기처럼
보이지 않는, 느껴지지도 않는
소중한 인연 같은 것.

청산별곡 4

간밤
하현달
벗님들 애기 엿 들었나
산 능선 구름 외로울까
산 그림자 따라 보내더니
새 소리도 따라 보내네
귀 밝은 개울물 밤새 기울인
술병 세어 놓고
외로운 산 강아지되어
새벽길 뒤따라오네

영덕 축산항
끝물 대게와 도다리 몇 마리
텃밭 일구며 사는
벗님이 보내 준 봄나물
도다리 쑥국 끓여 한 상 받으니

봄 왔다 알리는
동박새 소리 요란스럽다
나물 먹고 물 마시며
편한 마음 달래는
청산별곡이 내 마음속일세.

희방사에서

올라가는 산길이
어찌나 깔박스러운지
쉬엄쉬엄 폭포 돌아
절 마루에서 숨 몰아쉬는데
먼저 참배한 집사람이
당신도 늙었구려 한다

감로수로 숨 돌리며
'김치하며 엄마 좀 안아보라'는
딸애의 사진기 속에 빠진다
이럴 때 아들보다 딸애가 좋다는 건가

이런저런 생각은 개울에 떠내려가는 낙엽이 되나
고향 마을 휘감던 새벽안개도 되고
초승달 바가지 삼아 막걸리 한 잔 하며
어디론가 흘러가고 있다.

가을, 겨울 사이

얼콰하게 취한
낙엽으로 뒹굴다
논두렁 서성이는
새 한 마리가
비에 축 젖어 날아가고 있다

우리
나눈 얘기들이
소복이 누운
가을, 겨울 사이를.

반가운 일들

1. 제비 한 쌍

지난해 봄
제비 한 쌍이 집을 짓는데
누군가 몇 번이나 허물더니만
선반이 받쳐져
올봄엔
내 사는 덕소하늘을
제비 서너 쌍이 바람되어 날아다닌다
반가워
하늘 우러르는 버릇이 생겼다
내년 봄엔
몇 쌍이나 올려나
우려스런 마음으로 기다려진다

뻐꾸기야 탁란해놓고
제 새끼 근심스러워 울어
얄밉게 반가워도
내년 봄엔
제비는 몇 쌍이나 오려나
우려스러운 마음으로 기다려진다.

2. 자만심

지난 어버이 날
고향 선산에 들러
첫 뻐꾸기 울음소리 들었다.
10년 전
바림 시동인들의 사화집이
〈봄에, 첫 뻐꾸기 울음소리 들으며〉여서인가?
흘러가는 소리를 유심히 들을 수 있는
나이인가 보다라며
미소 지어 본다.

3. 제비집

겨우내 비워 둔
팔당호 조안면
고당의 처마 밑
제비집

경사 낳아
경사가 났네.

4. 뻐꾸기 소리

귀향한 벗님이
전화로 보내준
뻐꾹 뻐꾹 뻑 뻐꾹 소리에
고향의
푸른 숲이 묻어 왔네.

5. 모슬포 봉래산

종달새 찾아
모슬포 봉래산 들렀더니
한여름이라
노골 노골 노고지리 울지 않아
종달이는 찾지 못해도
세월에
무심한 갈매기
나그네 심금 울리네.

6. 봄소식

시들한 양란을
꽃 피울 것은 기대 않고
살아 있기에
다른 분과 물을 주었더니
금년 봄
3년 만에
꽃대를 세 개나 피워 올렸다.

7. 기다림

지난해
맞은 며느리
말 못하고
기다렸던 소식
큰 구렁이 품에 안기는
집사람 태몽으로 왔네.

8. 쌍무지개

한 해에
네댓 번
비 갠 퇴근길
동쪽 하늘에
뜬
무지개는 예사로이 보았지만
올 여름
예봉산에
선명하게 걸린 쌍무지개는
스마트폰에 담아
울적한 날
기도하듯 열어 본다.

9. 한란

찬 겨울
매서운 추위 이겨낸 자태
유연한 기개를
꽃대로 피어올린
선비의 기품,

한 보름쯤
청량한 향기 피우리라.

제5부
동대구역 광장에서

아, 이 함성!

기미년 106회 삼일절날
그날의 함성 오늘 너와 나
우리의 함성이다

자유 대한민국이여
이 함성 하늘이여 들리 십니까
자유 대한민국이여 영원하여라
이 함성 세계가 지켜본다

하늘이여, 하늘이여 함성 들으셨습니까
봄비 내립니다
이 강산 더욱 풍성하게
봄비 내립니까?

하늘이 자유대한민국
영원히 융성하라고
축복을 내리십니까?
사랑합니다.

나의 시

기다림이
그림움이라면
그리움은
잔잔한 외로움

유채꽃 핀 강변에서
함박눈 내리는
산사에서
무언가
기다리는
가슴 저리는
그리움
아픈 사람.

동대구역 광장에서

감격에 겨워
혹한의
찬바람에
자유대한 연대
깃발
힘차게 펄럭인다

천릿길
찾아온 대구
마음의 고향
민심이 천심이라고
한 마음 되어
지르는
질러도 보는 함성
상식이 통하고
자손 만대 번영 이룰
자유로운 나라

낮에 나온 반달이
계수나무 한 나무
토끼 한 마리 찾아가는
평화로운 나라
우리가 꿈꾸는
자유, 그 하늘

내 한목숨 바쳐
기어이 이루리라.

산책길

행복도 훈련이 필요하다
걸을 수 있다는
작은 소망으로
가까운 곳에서
그곳으로
한 걸음씩 걸어간다

아린 가슴
허전한 마음이
비 갠
하늘 산과 들, 강을 만난다
작은 것을 만족해하는 훈련
행복을 걷는 길이다.

자연의 자연스러움

화사한 꽃보다
햇살 받아 빛나는
새싹이 더 편하다

언 땅에서
또는, 나뭇가지에서
움터 올리는 생명력
연두에서 차츰 짙어지는
계절의 부지런함이 너무 좋다

젊어서보다
단풍빛이 더 짙어지는
그래서
더 마음 아려지는 가을날
생각을 비우고
사각사각 낙엽을 밟고 걸어본다
자연의 자연스러움이 너무 좋다.

허심 虛心

내 마음
물소리 따라 흐른다
바람을 만나면
들풀로 흔들리고
산새소리 들으면
하얀 개망초꽃으로 흐드러진다

물따라 흐르며
고결한 백로의 삶을 배우고
늙은 왜가리가 응시하는 곳에서
살아가야 할
마지막
외줄기 길도 본다.

장승

마을 어귀에서
막걸리 마시며
족발 뜯다
직무 태만으로
금줄에 얽혀
숯검정 덮어쓰고
고추 물고
먼 산 바라보며
제 손자 본 양
허허롭게 웃으며
세월을 지키고 있다
정년 퇴임한
은사님처럼.

윤슬

햇살과 바람,
강물이 서로 엉켜
정담을 나누는
한 마당

내 마음,
춤판을 벌인다
탈춤을 추고 있다.

덕소나루

옛 선비들
한양가는 길목
화목 실은 뗏목
나루에 묶어두고
역촌마을 주막에서
탁주 한 사발로
목 축이며 쉬어 가던 곳
이제는
옛 덕소나루 푯말만
흔적으로 남아 우두커니 서 있다

해 질 무렵엔
석양이 빠져들어
노을이 잠긴 한강
튀어 오르는 잉어가 남긴 파문은
사색으로 빠져드는 심연
왜가리 날갯짓 같은
여유로운 나루터.

연밭

염불하는
스님
참 많은
하늘의 별
그
정요 속에
개구리 울음
내
인생이 끓고 있다.

행복 훈련

세상 살아가는
어느 집엔들
근심 걱정 없는 집 있을까요?
그냥
마음속에 묻어두면서
사는 것이
행복 훈련을 하는 거죠

늙은 해오라기 한 마리
무심히 흐르는 강물 위를
그냥
날아갈까요?

구름의 노래

나는
둥둥 하늘 짊어지고
아리랑 아리랑
백두대간 넘나든다
나는
둥둥 달 무등 태워
아리랑 아리랑
정스런 고향 간다
아리랑 아리랑 아라리오
아리랑 고개를 넘어간다.

구름 속의 달

검정색이라고
똑같은
까만 색은 아니다
우리의 꿈은
구름에 가려져 있어도
마음속 깊은 곳에 잠겨 있기에
가난한 마음에 여유도 생기고
희망도 품으며
어려운 삶을 허물 덮으며
세월이 흐르듯
웃고 울며 함께 살아간다.

행복

아내 휠체어 밀며
멀리 태국왕실 휴양지
HAU HIN 해변에
신비로운 꿈 싣고 찾은 태평양 해돋이
동해의 촛대바위 해변만 못하고
희뿌연 파도에 조각배만 일렁인다

특급호텔의 특식도
태평양 해돋이도 아니다
아들딸 손주들과의
나의 집
조촐한 생일상 위에 놓여 있었다.

주정

취한 모임 마치고
덕수궁 돌담길 돌며
정동의 유서 깊은 골목길
대한민국에 태어나
역사와 정서가 남아 있는 이곳
살아 있기에 걸을 수 있기에
거나하게 감사한다

오늘은
내 생애 남은 가장 젊은 날
모든 걸 사랑하리라.

오늘

행복도
근심도 바람에 실려
세월 따라가고
그래도
그리운 건
추억으로 남아
보석이 된 날

세월 빠르다고
탓만 할소냐
그리움으로
잉태된 오늘이거늘.

연하장

이맘때쯤이면 물어보기도 전에
당신의 모습이 떠오릅니다
나의 가슴 속 숨어 있던 당신의 심성이
추억으로 스멀스멀 피어오릅니다

멀리 있어도
우리는 우리기에
안부되어 날아갑니다.

파도

소리로
빛으로
가슴 뚫어주는
눈부시게 설레는 너

세월에 지친
주름살 펴고
이제
화사한 웃음으로 피어
사랑의
환희로 부서지나.

봄맞이

꽃샘추위가
뭐 대단할까?
한강 봄나들이에
눈발 날린다
봄은
저절로 오는데
절실히 기다리니
더디 오나 보다

오리 가족
윤슬에 춤추며
가는 겨울을 즐기는
한강 나루엔
백로 한 마리
봄 기다리는
나를
우두커니 쳐다본다.

명상을 하며

깍지 낀 손
지그시 배 아래 얹어
심호흡으로 눈감으면
새로운 길 열린다
마음 벗어난 바람, 심령이 된다
젊은 날 가슴앓이 하던 사랑도
이루지 못한 꿈과
긴 이별의 그리움들이
짚불되어 사그라든다
아늑한 음률 타고 춤추는 무희가 된다.

제6부
하 늘

하늘

아버님
텅 빈 마음에
외로움은 달빛에 젖어 들라며
뜬소문은
구름으로 흘리고
외로움은
그믐달에 젖어 들라고
옛 사랑은
가을 강물의 윤슬로 되새기지 말라고
눈썹 같은
초승달 떠오르는데 아버님,
인간 못난 놈이 제사에 빠진다는 말씀
하늘이었습니다.

새 가족이 된 며느리에게

서로 존경하는 것이 사랑이며
어려움도 아픔도 감싸가며
한 평생 행복을 쌓아가는 부부 되는 날
살아 있음에 서로 즐길 수 있는
여유로운 부부가 되길 기원한다
한 평생 사노라면
즐거운 일 어려운 일도 있지만
우리 한 포기 꽃피우는 나무가 되어
새 촉 틔우고 오손도손 모여 사는
꽃밭의 일원이 된 걸 뜨거운 가슴으로
식탁 앞에 고이 걸어둔 시 꽃밭을
오늘 황홀하도록 아름답게 핀 신부
사랑하는 마음을 너에게 준다.

백합꽃으로 피어라
- 딸에게 면사포를 씌우는 오늘

딸아,
너에게 면사포를 씌우는 오늘
사랑과 행복의 염원이 간절하구나
너를 키우며
다칠세라 비뚤어질라 애 피우던 엄마의 애절함과
아비의 애틋함을 알고 있겠지
지금 너는 백합꽃보다 순결하고 아름답게 피어
은은한 향기로 베풀고 살아가길 기원하는
모든 하객들 축복의 마음을 잊을 수 없겠지
딸아,
돌아보면 너로 하여금 얼마나 행복했는지 모른다
할아버지께서는 아무리 홍수가 나더라도
백사장의 모래알은 남는다고 하셨다
어떤 고난과 시련이 닥치더라도
꿋꿋한 마음으로 극복한다면 언젠가는 소망이
이루어진다는 말씀이셨다

나는 너에게 지는 것부터 배우라고 말했었지
강한 자에게는 비굴하지 않고 지혜를 갖추어
당당해야 하지만
어려운 사람에게는 온유하게 베풀고
본받고 싶은 사람에게는 주저 말고 배워서
덕망 있는 사람이 되길 바라는 마음이었다

"사랑은 서로 존경하는 것이며
행복은 스스로 만들며 미소 짓는 것이다"
내 사랑하는 딸아,
어질고 착한 며느리가 되어
자식 낳아 훌륭하게 키우는 것이 효도이며
또한 너의 본분이란다
부디 행복하여라.

너의 사랑하는 아버지가

현실

시 한 편 쓰고
마음에 드는
영상을 찍었을 때
한잔하고 싶어진다는
나에게
"아파 죽겠는데
뭐, 시타령이냐"는데
왈칵 울음이 터졌다

건강해서
걷는 게 아니라
건강해지려고
산책을 한다고 쓴
나의 시가
울음으로 터졌다

그녀의
아픈 마음
몰라준 이기심이
설움 겨워 울었다
나는
늘
그렇게 살았다.

시인 김수옥 누님

여든 일곱에 등단하시어
이듬해 미수에 〈한 장의 세월〉
시집 내셨네

가슴 속 품었던 사랑
마음 속 절제된 언어들을
누에 비단실 뿜어내듯
먼저 가신 님에게 보내는
말 못한 사랑을 비단 금침으로 펴내셨네
백수토록 장수하시어
형제 후손들에게 귀감되십시오.

예순 여섯 살의 크리스마스

눈 온다니
아직은 설렌다
연하장 쓰면
눈처럼 훨훨 날린다
그리움인가

내 마음
목도리 두르고
동네를 돌며
눈을 맞고 걸어본다
어릴 적 그 길은 아니지만
함박눈
그 시절 그리움이다.

내 마음

얼기설기 엉킨
거미줄 마음도
잔디에 누우면 봄볕으로 녹아
아지랑이가 된다

주룩주룩 장마에
주눅 든 마음도
모래톱에 누우면 흰구름되어
초원의 한 마리 양이 된다

우수수 떨어지는
서러운 마음도
세월의 연륜인 양 흰눈 되어
그대 창가의 세레나데가 된다.

일상

산책도 중독이 되나 보다
빠지는 날엔 뭔가 허전하다
그래서 오늘도 나선다
마음을 비워야
새로운 것이 채워진다고 했던가
봄바람이 무척 센
한강나루 길을
하늘도 보고 강도 보며 쉬엄쉬엄 자작나무
숲길까지 터덜터덜 걸었다
수레국이 한창 피고 있다
아름다워
젊은 연인들의 틈에
주책 없는 노인이 되어
사진을 찍는다.

반가움

조안면 능내리
새들의 안식처
산이 만나고
물이 만나고
사람이 만나는 곳
고당古堂

꽃샘바람 부는
삼월 삼짇날
서둘러 찾은 처마 밑 제비집
어이없다는 듯
삶은 어디 두고
날 찾아왔냐고
지지배배 반긴다.

흰구름

높은 하늘
흰구름
등짐 지고
강나루 길 따라온다
행복을
해우소 찾듯
잰걸음이면 안 되지

저 강이
생성의 산 역사인 것 잊고
느긋한 마음으로
무심한 바람 더불어
철새떼 몰고 따라온다.

고희를 맞으며

사노라면
소도 보고 말도 보고
산 오르면
오르막 내리막도 있었지
봄 가녀린 생명
가을 하늘과 단풍은
왜 이리도
가슴에
짙게 와 닿는지

산 내려와
들 지나며
강물로
도도히 흐르리라.

오늘 밤

취한 모임 마치고 한잔 더 하고 있는 나를
달이 보고 웃는 듯하여
목에 두른 목도리처럼 마음 덥혀진다
취한 것이 그리도 부끄러웠는데
이제는 옛 친구 만나듯
그렇게 산 연륜도 반갑다

오늘밤
살아오며
같은 꿈을 꾼
고향집 반기는 느티나무
그 친구와 마주 앉은 주정이
달빛으로 웃는 듯하여
가슴 따뜻해진다.

병상에서

1.

잠 못 이룬 간밤
긴 어둠에
새벽을 기다리는
나의 기척에
수술한 옆 병상의 신음에도
가는 코 골며 잠 들던 집사람
아직은 깊은 밤이지만
머지않아 밝아옵니다라는 듯
잔기침으로 뒤척이고
돌아누우며 애틋한 마음 알리네.

2.

긴 여행길
내 차속의 파리 한 마리
브러시로 위협도 하고
가까워지면 손 뻗쳐
앞뒷문 다 열어도
잘도 피해 다니더니
계산하는 순간 떠나버리네
고향이 고령인데
서울에 내린
나의 삶.

행복한 날의 독백

1. 우와정에서

사과농부 선산 친구는
하현달 새벽하늘 시가 되어
미리내 강물 따라 흐르고
우현부부 귀향한 가야산은
우와정에 자리 깔고 텃밭으로 누웠나?

2. 우현愚賢에게

백년 오동고목 아래
우와정은
여름날에도
해 떨어지면 춥던데
삼겹살 구우며
청탁 가리지 않고 준비된 술 그리워
세월에 찌든 옹달샘素泉이
오동잎 돋는 춘삼월에
청개구리 울거들랑
바람되어 고향인 양 돌아보리라.

봄 소풍날

봄꽃들이
속살, 속마음 다 드러내고
온 산에 드러누웠다

삶이
얼굴처럼
주름진 세월이었나
그런 건 따지지 말고
너와 나
저 봄꽃을 닮아간다

비가 오면 어떠냐
50여 년 지기 벗이
추억으로 돌아오고
반백 년을 함께 살고
앞으로 더 살아갈
임이 곁에 있지 않나!

오늘은
아무 말 않고
묵묵히 겁을 지켜온
산을 닮아 자연이 된다.

삶

생년월일, 이름은
나의 뜻대로
이룬 것은 아니다

자라며 교육받고
결혼해서 자식 낳고
노력과 성취로
가족을 부양해 온 것
사는 날이
언제까지일지 모르지만 행복과 불행을
다스려야 하는 마음은
나의 몫, 나의 삶이다.

신축년 설날 소회

손자 손녀 데리고
세배 온 아들, 딸
코로나 설친다고
돌려보낼 수야 없지
수백 년 이어 온 풍습
끊을 수야 없지

사랑스럽고 귀여운 내 혈육
개구쟁이라도 좋다
튼튼하게 자라라,
덕담 한 마디
복주머니에 넣어 준다.

제7부
귀갓길

별 그리다

흐르는 물은
잠긴 달
흘려보내지 않고
달은
물속 노닐지만
흔적 남기지 않는다

어버이
베푸신 은덕
저 높은 하늘

우리들은
산, 강 바다 되어
하늘 우러르다.

그리움인가

예전에
일상으로
두어 병씩 마시던
소풍 마치고
하늘로 먼저 간
그 술친구들

소천,
너 혼자 잘살고 있구나! 하며
튀어나올 것 같아
이 밤
두 병 마시고 있다

가을인가
일탈인가
주정인가
그리움인가.

고 최태호 영전에 바칩니다

친구야
살다 보니
제 잘난 체하며
허풍떠는 친구는 밉지만
제 할 말도 못 하고
선한 마음마저 숨겨놓고
산 당신에게는
할 말조차 없구나!

저 세상
옥황상제 앞에서는
피안의 세상살이
베풀며 살았노라고
즐거운 소풍 마치고 왔다고
나처럼
허풍도 좀 떨어 보시게나

잘 보여야 뒤따라갈
우리들도 편할 테니 말이오
극락왕생하소서
관세음보살 나무아미타불.

2024년 3월 10일

이 시대의 선비
愚賢 金基英 님 영전에

이 시대의 선비가 이 세상 두고
저 세상 자유를 찾아 떠났네
만물의 생성과 사멸이 어찌 제 마음대로 이루어지리오
남은 사람 모르게, 피해 없이 떠나려 했던 당신
그 마음의 사슬 풀어 젖히고 훨훨 떠나셨구려

시인의 친구도 시인이라며
봄 산책길엔 뻐꾸기 울음소리,
한여름 밤 나들이엔 개구리 합창소리,
가을 짙은 단풍을, 겨울 눈 쌓인 가야산 산정을
핸드폰으로 사시사철 전해준 당신
어이 이런 배려를 나에게만 하였으리오?

항상 꿋꿋한 걸음 옆에 낀 책 한 권의 자세로
올곧은 선비정신으로 조상님들께 부끄럽지 않게
자식들 인재로 키워내고 부인에게 내색 않던 사랑을

마지막 가시는 길엔 My Queen으로 표현하고
떠나신 당신
이 시대의 진정한 선비이었소

이 세상 끝나는 날이 저 세상 꿈에서 깨는 날
깨고 다시 꿈꾸면 새로 시작하는 건가? 라는 물음,
그냥 사그라져 사라져 소멸하는 스스로 그러한 것이
아, 자연이구나! 당신이 마지막으로 나에게 보낸 시
〈고별〉을 읽으며 내일 아침이면 한 줌의 재가 되어
사라질 당신을 생각하며 빈소에서
마지막 문객을 맞이하고 돌아와
소주 한 잔으로 울었소

부디 새 세상에선 허망한 인연 맺지 말고
배려 같은 사슬도 떨쳐버리고
무궁한 자유를 누리는 바람이 되소서.

2019년 12월 1일 삼가 명복을 빕니다.

고 장재영 님 영전에 바칩니다

역발산 기개와
산을 울리던 쩌렁한 음성
진리와 의를 중히 여기며
인자한 미소로 맞아주던 그 모습
우리들 마음속에
아직 생생히 남아 있는데
강인한 정신력을 믿으며 간절히 기도했지만…
당신은
우리들 마음속의
큰 별로만 남는군요

이제
삶의 미련, 고통, 번뇌 모두 내려놓으시고
자유, 그 하늘로 찾아가 편안히 영면하소서
살아 생전 쌓은 복록과 수행의 원력으로
남은 가족, 친지와 우리들을 굽어 살펴주소서
명복을 빕니다.
2023년 1월 15일

그믐달
− 상변준 형 영전에

하고 싶은 말 다하고 간
그러나
진정 하고 싶은 말은
마음 여려 하지도 못한 채
바람되어 어디로 떠돌고 있소,
정 싸가지고 와서 한 보따리 풀어놓던
칼칼한 음성
어둠 속의 달빛 같던
당신의 눈빛은 차가웠지만
훈훈한 바람이 되어 마음 녹여 주었지

지친 밤 헤매이다
그믐달로 술 한잔 부어 올리며
명복을 빌고 있나이다
먼저 간 친구를 만나 외롭지는 마소서.

천재약사
박태균 님 가시는 길에

하늘에서
별이 떨어졌나
하늘로 올라 별이 되었나
당신은

선구자적 사고
이루지 못한 이상의 세계
별이 되어
의족도 벗어 던지고
못다 이룬 꿈
마음먹은 대로 이루시어
훨훨 자유를 누리소서
한 세상 살아가듯
하늘나라별이 되어
남은 가족 굽어살펴 주옵소서
명복을 빕니다.

윤여운 영전에

내 모친상에
'축 결혼' 이란 부의금 내고
국밥 한 그릇 챙기지도 못하고
허둥지둥 떠나더니
또
어디로 갔소

동구 밖
정자나무 아래서
햇살 피하며
여유스런 담배 한대 피우며
쉬고 있나요

고된 세상
바지런히 살다 간 형
이제는 느긋한 여유로
우릴 돌보소서
명복을 빕니다.

훨훨 자유를 누립시오
―장인어른 영전에 바칩니다

생전 마음 깊어
싫은 말씀 한번 않으시더니
소주 석잔 드시고 뒤뚱거려도
흐뭇해하시던 모습이 선한데
그마저 폐가 될까
한마디도 남기시지 않으시고 가셨습니까?
이제야
자식 키우는 게 얼마나 어려운지
알아가는 우리들 나이인데
마음 한 번 편하게 하지 못한 죄인들은
눈물만 흐릅니다
당신의 삶은
유구히 흘러온 금강의 순리처럼
문 앞에서 잉잉거리는 바람이기보다
마곡사 산자락
경인년 용의 해, 정월 경술일을 사시다
용이산다는 공주군 사곡면 유용리의

한 줌 흙이 되시길 원하신 겁니까?
그러시다면 서로 시기하고
감사할 줄 모르는 자손보다
당신의 생전 잊지 않고
하늘에 한 점 부끄럼 없는
우리 되게 돌보아 주십시오
남을 이끌어 가는 큰 사람이기보다
사랑하는 마음을 가진
착한 자손이 되게 돌보아 주십시오
생전에 못 이루신 큰 뜻은
유용리의 벗들과 어울려
하늘을 날으며 이루십시오
읍하며 곡하는 애자들을
굽어 살피시어
훨훨 자유를 누리시며
천국에 드십시오.

그리운 님 찾아 떠나신 님
장모님 영전에 바칩니다

그립고
그리시던
공주군 사곡면 유용리 산마루
정유년 칠월 경인일
그리운 그 님 찾아 가시네요
못다 한 사랑
아쉬운 그리움 되어
꽃신 신고 이승을 떠나시네요.
가시는 길
고 애자들은 극락왕생을 비는
애잔한 가을 쓰르라미 소리 듣습니다.

임의 영혼은
훨훨 자유를 찾아 떠나시는
가을 하늘 되어 높고 푸릅니다.
영면하십시오.

2017년 9월 4일 삼우제를 지내며

들국화
― 삼우제를 지내며 아버님 영전에 바칩니다

소슬히
그리던 임 찾아 떠나신 임이여
바람처럼 그림자도 없이 가신
초연한 가을날
우리들은
들국화 향기를 피우며 모여 있습니다
인생은 물과 같이 흘러 버리지만
임이 흘러간 곳엔 도랑이 패여
우리들
삶의 등불이 되었습니다
젊은 날
산의 자태로 호령하시던
임의 권위는
가을 볕살에 영그는
우리를 느긋한 표정으로 굽어 보시는지요
꿋꿋하시던 당신의 인생 역정은
이제

가을 하늘 밝은 달이 되어
사랑하는 사람들의 정담을 듣고
사랑하는 자손들이
땀 흘려 살아가는 모습을 보시며
인자한 미소를 짓고 계시는지요
어허와 달구여
어허와 달구여
깨우쳤습니다, 임의 기원을
임 찾아 떠난 임의 순정을
하늘의 순리로
모두는 흐르는 것
달이 되고 산이 되고
바람이 되고 강물이 되어
짧은 우리의 인연을 떨치며
자유로이 만세를 누립시오
어허와 달구여
어허와 달구여.

〈평설〉

시작(詩作)의 도덕적 자세와 품격

―《자유, 그 하늘》을 읽고―

장철주
(문학평론가, 〈현대작가〉 주간)

1. 시詩의 실존과 선연한 서정시

 시인의 삶이라고 하는 것은 어느 한 개인만의 삶이 아니라 다른 사람의 삶이기도 하며, 동시에 문학사적인 세계이기도 하다.
 도대체 문학하는 본연의 모습이 무엇인가.
 이런 판도를 진정으로 우려하고 그것의 극복을 꿈꾸는 우리 시대의 참 문학의 은자隱者는 어디에 숨어 있는가.
 거의 망념에 가까운 이런 생각들에 시달릴 때, 새롭게 김태수 시인의 시를 감상하는 감동은 유별나다. 유별날 뿐만 아니라 우리에게 기성 시인에 대한 고정관념 깨트

리기, 우리가 미처 깨닫지 못했던 서정시의 미세한 부문까지도 새로 알게 된 재미의 두께는 더욱더 남다르다.

 이처럼 뛰어난 시 정신의 소유자가 어디에 숨어 있다가 왜 이제야 우리 앞에 나타났단 말인가. 나타난 게 아니라 문단의 평론가들이 게을러 발견하지 못했다는 말이 적절할 것이다.

   홀로 피면
   반겨줄 이 없으니
   외로운 마음
   무리 지어
   온 누리를 덮은 꽃

   어두운 밤
   서러운 얘기들
   별빛에 담아
   오순도순, 소곤소곤
   하얗게 피어 낸다.

   — 시 〈개망초〉 전문

겨울 언저리
떠나갈
봄을 기다리는
철새들
고니 가족이 모여 사는
팔당 건너 당정섬 간다

날갯짓하며
미끄러지듯 유영하는 자태에
내 마음은
어느덧 비상하는
한 마리 백조

헤어지는 슬픔보다
다시 돌아올 가을날
해후로 맺어지는
작은 꿈에 만족하는 만남
한갓
철새 떠나보내며
자연의 섭리를 느끼는
행복 찾아 당정섬 간다.

— 시 〈행복 찾기〉 전문

〈개망초〉〈행복 찾기〉 등에서 김태수 시인은 은연중 시작詩作에 임하는 도덕적 자세와 품격 같은 것을 싱그러운 비유와 기다림과 그리움으로 나타내 보였다.

따라서 한 편의 시작품으로부터 달콤하고도 아름답기만 한 전언을 듣고 싶어 한다면, 독자들은 김태수 시인의 시를 읽지 않아도 된다. 그러나 서정시의 한 극한에서 나약한 서정성 자체를 낯설게 하는 시인을 만나려 한다면, 김태수 시인의 시작품을 읽는다는 것은 참으로 강렬하고도 짜릿한 새로운 경험이 될 수 있다.

간결하면서도 깊이 있는 김 시인의 서정적 체험들을 감상하고 있노라면 독자들은 자기도 모르게 무심하고 깨끗한 무중력의 공간에서 부유하고 있는 자신을 발견할 수 있을 것이다.

'홀로 피면/ 반겨줄 이 없으니/ 외로운 마음/ 무리 지어/ 온 누리를 덮은 꽃' — 돈 '개망초'를 바라보는 따스한 시선, '헤어지는 슬픔보다/ 다시 돌아올 가을날/ 해후로 맺어지는/ 작은 꿈' — 작은 꿈에서도 행복을 찾으며, '철새 떠나보내며/ 자연의 섭리를 느끼는/ 행복 찾아' — 오늘도 시작詩作에 매진하는 노시인의 풍모를 감지할 수 있다.

〈여로〉〈난〉〈5월〉〈강촌의 달밤〉〈노을〉〈달 항아리〉〈꽃비〉〈봄맞이〉〈반가움〉들에서도, 한 예술인의 창조적 의지가 자연조건과 현실을 떠나서 이룩될 수 없는 것임을 명백히 보여주었다.

2. 시詩를 통한 인간정신의 활로 개척

> 마을 어귀에서
> 막걸리 마시며
> 족발 뜯다
> 직무 태만으로
> 금줄에 얽혀
> 숯검정 덮어쓰고
> 고추 물고
> 먼 산 바라보며
> 제 손자 본 양
> 허허롭게 웃으며
> 세월을 지키고 있다
> 정년 퇴임한
> 은사님처럼.
>
> ― 시 〈장승〉 전문

오, 한강
반만년 이어 온
문화의 터전
풍요로운 자유 대한민국
한 번 더
한강의 기적 물결
갑진년 용의 해
용오름 기백으로
세계인의 가슴에 스민다.

— 시 〈한강〉 부분

굴러가는 나이도 잡힐 듯해
눈 감고 있다
너를 위해
응어리진 마음이
자유로이 부서지는 하늘
쉴 곳 잃은 세월이
첫사랑으로 내려와
순수를 얘기하고
나는 참선하듯 눈 감고 있다,
너를 위해.

— 시 〈첫눈 오는 날에〉 전문

꿈인 양
소리길 따라
불국 정토 순례에
가을 하늘은
서리 내린 세월도 단풍이네라고
흰 구름에 시 한 편 새기네.

— 시 〈소리길의 가을〉 부분

저 세상
옥황상제 앞에서는
피안의 세상살이
베풀며 살았노라고
즐거운 소풍 마치고 왔다고
나처럼
허풍도 좀 떨어 보시게나
잘 보여야 뒤따라갈
우리들도 편할 테니 말이오
극락왕생하소서

관세음보살 나무아미타불.

— 시 〈고 최태호 영전에 바칩니다〉 부분

해와 달은
변함이 없는데
인생살이는
가던 길 머물고
지나온 길 되돌아볼 때도 있더라

물은
높은 곳에서
낮은 곳으로만 흐르는데
살다 보면
제 흥에 겨워 하늘 날 때도 있더라
땅속
촉촉히 스민 물이기 보다
날 걷히면 사라지는
빛 좋은 무지개가 되어 있더라.

— 시 〈분수의 욕망〉 전문

위에 인용한 시작품들에서 볼 수 있듯, 김태수 시인의 시에서는 철학성과 민중성을 바탕으로 두고 맑은 서정과 바램이 넘쳐흐르고 있다. 서정이라는 낱말이 다소 낡았다고 생각될 수도 있지만, 이 작품들은 읽으면 읽을수록 서정의 힘이 시 정신의 품격을 한층 높여 주고 있음을 알 수 있다.

김태수 시인의 시선집 《자유, 그 하늘》은 타성과 안일주의에 젖어 있는 한국 문단에 놀라운 충격을 경험하게 할 것이다. 한국 문단의 시작품들이 이질적인 로맨티시즘, 경박한 기교주의, 어설픈 초현실주의와 다다이즘 또는 실존주의 따위가 마구 흩뿌려대는 치기만만함, 몽롱함, 무책임한 언어유희 등에 빠져 있을 때, 김 시인은 묵묵히 친근한 소재, 민중적인 정서, 쉽고 따스한 시언어로서 보편주의의 원리를 철저히 지켜왔다고 보여진다.

특히 〈장승〉〈한강〉〈첫눈 오는 날에〉 등의 시작품이 전통과 보편주의에 적합한 명시들이다. 또한 새롭게 전개되는 역사의 굴곡, 자연의 변화, 질곡과 세월에 대한 끝없는 부정, 용솟음치는 해방 정신 등을 표출하였다. 이러한 시 정신과 철학은 개인의 충격이 예술적 변모를 요청하는 자연스러운 결과라고 볼 수 있다.

〈소리길의 가을〉에 나오는 '소리길 따라/ 불국 정토 순례에/ 가을 하늘은/ 서리 내린 세월도 단풍이네'라거나, 〈고 최태호 영전에 바칩니다〉라는 시에 나오는 '저 세상/ 옥황상제 앞'과 '잘 보여야 뒤따라갈/ 우리들도 편할 테니 말이오/ 극락왕생하소서/ 관세음보살 나무아미타불'이라거나, 〈분수의 욕망〉에 나오는 '물은/ 높은 곳에서/ 낮은 곳으로만 흐르는데/ 살다 보면/ 제 흥에 겨워 하는 날 때도 있더라' 들에서는 "산은 산이요, 물은 물이요."라는 법문이 떠오른다.

저 법문은 세상에서 가장 쉬우면서도 가장 어려운 말일 것이다. 이 말은 송나라 청원유신 선사의 설법을 우리나라 성철 스님이 다시 인용하면서 유명해진 법문이다. 중생들은 산, 소리길, 불국 정토, 세월, 영전, 저 세상, 옥황상제, 극락왕생, 관세음보살 나무아미타불, 물, 높은 곳, 낮은 곳, 하늘 등을 보되, 모두 자기입장에서 보기에 결코 그 진면목을 바로 볼 수 없을 것이다. 마음을 비운 텅 빈 세계에서 바라볼 때, 사물을 있는 그대로 선입견 없이 직관하게 될 것이다.

김태수 시인은 시간과 공간 등의 상대적인 세계를 초월하여 사물을 있는 그대로 초월적 경지에서 시작품들을 탄생시킨 것이다. 김 시인은 철학성과 종교성에 있어서도 깊이 있는 고구考究를 하며 작품들을 빚고 있다.
 앞으로 뛰어난 서정성을 유지하며 자기 점검, 자기 극복, 이론적 모색과 활동을 겸하면서 새로운 존재의 전이를 성취하기 위한 적극적 시작품들을 보여줄 때, 김태수 시인은 우리 시단의 커다란 별이 될 것임을 믿어 의심치 않는다.

우리는 김태수 시인의 《자유, 그 하늘》 시집을 통하여 우리 시대 시인들의 올곧고 참다운 시정신의 한 모범을 만날 수 있으며, 시적詩的 진실의 올바르고 아름다운 좌표를 제공받을 수 있는 것이다.
 사실 복잡다단한 현시대에서 이러한 경험을 할 수 있다는 것은 얼마나 다행스럽고 복받은 일인가. 삭막한 시대에서 우리 곁에 이처럼 따뜻하고 진선미의 가슴을 지닌 시인이 함께 살고 있다는 사실은 그 얼마나 가슴 든든하고 미더운 일인가.

 노년기의 자기 관리에 실패함으로써 젊은 날에 쌓아 올렸던 명성을 일거에 허물어 버린 안타까운 시의 원로들이 문단에 즐비한 시절에 팔순에도 김태수 시인처럼 싱

그럽고 자아 갱신에 도달한 시인이 시선집을 발간했다는 사실은 마음 든든함이자 즐거움이 아닐 수 없다.
 꾸준히 오래오래 닦아나가는 그 깊은 내공의 김태수 시인의 시가 우리 곁에 늘 샘물처럼 솟아오르기를 축원드린다.
 시선집《자유, 그 하늘》출간을, 머리 깊이 숙여 경하드린다.

자유, 그 하늘(2025)

■

지은이 | 김태수

■

초판 1쇄 2025년 3월 27일

■

펴낸이 | 길명수
펴낸곳 | 배문사
출판등록 1989년 3월 23일, 제10-312호
주소 서울시 서대문구 충정로 2가 37-18
전화 (02)393-7997
팩스 (02)313-2788
e-mail pmsa526@empas.com

■

편집 인쇄 삼중문화사
ⓒ 김태수, 2025

ISBN 979-11-989654-2-4(03810)

값 12,000원

* 낙장 및 파본은 교환하여 드립니다.
 이 책의 판권은 지은이와 출판사에 있습니다.
 양측의 서면동의 없는 무단 전재 및 복제를 금합니다.